Sigrid Heuck

Leselöwen

Ponygeschichten

Zeichnungen von Angela Weinhold

Loewe

Der Umwelt zuliebe ist dieses Buch
auf chlorfrei gebleichtem Papier gedruckt.

ISBN 3-7855-3633-X
© 2000 Loewe Verlag GmbH, Bindlach
Ungekürzte Jubiläums-Sonderausgabe der 1995 erschienenen
Leselöwen-Ponygeschichten
Umschlagillustration: Angela Weinhold

Inhalt

Die Insel-Pony-Geschichte 10
Lilliput 13
Sarotti 19
Gesche 26
Tina und Mucki 32
Der schlaue Rico 39
Das Ponykind 46
Tschintschin 53

Meine kleine Nichte heißt Farida.

Eines Tages wurde sie krank. Wer krank ist, muss meistens im Bett bleiben. Ich steckte mir eine Tafel Schokolade ein und besuchte sie.

„Hallo", sagte ich und gab ihr die Schokolade. „Wie geht's dir?"

„Es ist schrecklich langweilig krank zu sein", jammerte sie.

„Du könntest doch ein bisschen lesen", schlug ich vor.

Aber lesen war nicht ihre Stärke. „Erzähl mir lieber was!"

„Was willst du hören?"

„Am liebsten eine Ponygeschichte."

Da hatte ich mir etwas eingebrockt. „Na gut", sagte ich schließlich, „hör zu!"

Die Insel-Pony-Geschichte

Irgendwo im Atlantischen Ozean liegen
ein paar Inseln, auf denen es fast immer
regnet. Wenn es nicht regnet, ist es neblig.
Und wenn der Nebel sich verzogen hat,
fegt meistens ein wilder Wind über das
Land. Nur wenige Bäume wachsen dort
und kaum Gras. Die Menschen, die dort
wohnen, sind sehr arm. Sie haben gerade

genug damit zu tun um satt zu werden.
Für Viehfutter können sie kein Geld
ausgeben. Deshalb müssen die Pferde,
die auf den Inseln leben, Moos und
Flechten fressen, genau wie die Schafe.
Und weil kleine Pferde mit weniger Futter
auskommen als große, sind die Pferde
dort besonders klein.

Irgendwann, im vorigen Jahrhundert,
besuchte ein fremder reicher Mann diese

Inseln. Seine kleine Tochter war sehr krank und er wollte ihr gern etwas von seiner Reise mitbringen.

Als er die Ponys sah, wusste er, was es sein sollte.

So kamen sie zuerst nach England und später auch in andere Länder. Sie sind die kleinste Pferderasse der Welt und alle Kinder lieben sie.

Und weil diese Inseln Shetlandinseln heißen, nennt man die Ponys Shetland-ponys.

„Hach, könntest du nicht dem Papa sagen, er soll schnell verreisen und dann wiederkommen und mir ein Pony mitbringen? Ich bin doch auch krank", rief Farida aufgeregt.

Und weil ihr der Arzt jede Aufregung verboten hatte, versprach ich ihr es bei nächster Gelegenheit zu versuchen.

„Auf Wiedersehen", sagte ich dann. „Und gute Besserung!"

Doch am nächsten Tag lag Farida immer noch im Bett. „Bitte!", sagte sie nur, als ich zu ihr kam. Da erzählte ich ihr noch eine Geschichte.

Lilliput

Lilliput war eine freche kleine Schimmel-
stute. Unter ihrem langen Mähnenschopf
blitzten dunkle Augen und das sah immer
so aus, als wollte sie sich über alles lustig
machen. Sie gehörte zu unserer Ponyherde.

Eines Tages entdeckte Lilliput, dass man
sich unter einem Weidezaun durchwälzen
kann. Und weil sie sehr freiheitsliebend
war, gefiel es ihr draußen besser als auf
der Weide bei den anderen Ponys.

Zuerst lief sie durch das Dorf. Beim
Dorfkrämer klaute sie einen Apfel. Beim
Huberbauern fraß sie den Hühnern das
Futter weg und beim Schmied schaute
sie kurz in die Werkstatt.

Doch als der Stefan und die Sabine mit
dem Schulranzen auf dem Rücken die
Straße hinunterkamen, lief Lilliput gleich

hinter ihnen her. Der Schulranzen von Stefan duftete nach Brot und die Rock-tasche von der Sabine nach Äpfeln.

Die Schule war im Nachbardorf. Lilliput war sehr traurig, als die Kinder im Schul-haus verschwanden, und sie blieb in der Nähe, bis es zur großen Pause klingelte.

Alle Kinder stürzten hinaus. Das Pony wurde gestreichelt, gekrault und gefüttert, was ihm sehr gut gefiel.

Deshalb wartete es im Schulhof, bis die Schule aus war, und begleitete dann den Stefan und die Sabine nach Hause. Es wälzte sich unter dem Zaun durch, gesellte sich zu den anderen Ponys und tat so, als wenn nichts geschehen wäre.

So ging das mehrere Tage lang. Doch eines Morgens klingelte bei uns das Telefon.

„Vermissen Sie vielleicht ein kleines weißes Pony?", fragte mich der Lehrer aus dem Nachbardorf.

„Ich glaube nicht", sagte ich vorsichtig. Bei einer großen Ponyherde weiß man nämlich nie genau, ob man eines vermisst oder nicht.

„Es muss aber eines von Ihnen sein", sagte der Lehrer. „Es gibt sonst keine Ponys in der Gegend."

Da hatte er Recht.

„Wo ist es?", fragte ich.

„Es kommt seit einigen Tagen in die Schule. Solange es im Hof blieb, störte es nicht. Aber heute stieg es die Treppe hoch und lief den Gang entlang bis in das Klassenzimmer. Das geht zu weit! Bringen Sie einmal dreißig Kindern das Einmaleins bei, während ein kleines Pony zwischen den Bankreihen herumläuft und unter die Tische schaut!"

Das sah ich ein und ich machte mich
gleich auf den Weg ins Nachbardorf um
Lilliput in der Schule abzuholen.

Es war nicht leicht ihr klarzumachen,
dass sie dort nichts verloren hatte. Für
ein Pony ist das Einmaleins nicht so
wichtig wie für Kinder.

„Und was hast du gemacht, damit sie nicht mehr ausreißt?", fragte Farida.

„Eingesperrt", antwortete ich ihr.

„Arme Lilliput!"

Doch ich gab ihr zu bedenken, dass es ziemlich mühsam ist jeden Tag ins Nachbardorf zu laufen um ein ausgerissenes Pony zurückzuholen. Das sah sie ein.

Am nächsten Tag hatte ich keine Zeit Farida zu besuchen. Deshalb schrieb ich ihr einen Brief.

„Liebe Farida", schrieb ich. „Wie geht es dir heute? Anbei schicke ich dir wieder eine Ponygeschichte. Sie handelt von einem Pony, das wir an einen Zirkus verkauft haben."

Sarotti

Der Zirkusdirektor hatte Sarotti gekauft, weil sie so schön gescheckt war und weil er mit ihr eine Freiheitsdressur zeigen wollte. Warum eine Freiheitsdressur so heißt, weiß ich nicht, denn sie lässt einem Pony keine Freiheit.

Wenn der Direktor mit der Peitsche knallt, soll es im Kreis herumlaufen, steigen oder sich hinlegen, ein Äffchen auf sich reiten lassen oder sich verneigen. Dann klatschen die Zuschauer Beifall und sagen: „Fabelhaft!"

Sarotti tat das alles nicht. Sie stellte sich hin und als der Direktor ihr die Peitsche auf den Rücken knallte, schlug sie nach ihm aus.

„Heimtückisches Biest!", schimpfte er und erkannte nicht, dass Sarotti stehen blieb, weil sie nichts sehen konnte.

Zwei kurze Zügel zwangen sie nämlich, ihren Kopf so tief zu halten, dass der dichte Mähnenschopf ihre Augen bedeckte.

Sie war es gewohnt den Kopf frei und hoch zu tragen. So ausgebunden war sie beinahe blind.

Als der Zirkusdirektor sich vor ihr umdrehte, biss sie ihn in sein Hinterteil.

„Ponys sind dumm und zu nichts zu gebrauchen!", brüllte der Direktor wütend.

Das hörte August, der Clown.

„Ich finde das gar nicht", widersprach

er. „Im Gegenteil, ich halte sie für sehr schlau. Sie sehen eben nicht ein, warum sie immer im Kreis herumlaufen sollen, wenn es doch viel schöner ist geradeaus zu galoppieren. Und sie behalten nichts, was sie nicht einsehen."

„Dann versuche doch selbst, ob du ein Zirkuspferd aus ihr machen kannst!", rief der Direktor zornig.

Als Erstes nahm der Clown Sarotti die
Zügel ab. Dann kraulte er sie in der
Mähne. Dem Pony gefiel das, deshalb
kraulte es August zurück. Dann nahm der
Clown ein paar gelbe Rüben in die Hand
und lief in Schlangenlinien durch die
Manege.

Und weil gelbe Rüben Sarottis Lieblings-
speise waren, lief sie immer hinter ihm
her. August stolperte, fiel hin, schlug
Purzelbäume und Saltos. Als er „Komm
sofort hierher!" rief, lief sie schnell weg.
Und auf den Befehl „Setz dich!" blieb sie
stehen. Sie lernte ihren Kopf in Augusts

weite Hosentasche zu stecken und sich
dort selbst ihren Zucker zu holen. Danach
stellte sie sich in die Mitte, während der
Clown um die Manege galoppierte und
so tat, als sei er das Pony und Sarotti der
Herr Direktor.

Als sie das erste Mal ihre Nummer in einer Vorstellung zeigten, brüllten die Leute vor Lachen.

Sie wurden sehr berühmt und nachdem sie genug Geld verdient hatten, kaufte August ein Häuschen auf dem Land mit einer Wiese drum herum.

Dort leben er und Sarotti heute noch.

„Das war's für heute. Gute Besserung wünscht dir deine dich liebende alte Tante.

PS: Ätsch! Jetzt hast du diese Geschichte selbst lesen müssen!"

Als ich Farida wieder besuchte, ging es ihr schon ein bisschen besser.

„Morgen darf ich aufstehen", teilte sie mir fröhlich mit.

„Dann willst du sicher heute keine Geschichte hören?", fragte ich sie voll froher Hoffnung.

„Dochdochdoch!", schrie sie entrüstet. „Ich hab' mich schon den ganzen Tag darauf gefreut."

„Also gut. Dann pass auf!"

Gesche

Gesche war kein schönes Pony. Sie hatte ein dunkelbraunes Fell, eine ziemlich zerrupfte Mähne und einen etwas groben Kopf. Auf einem Auge war sie blind. Als Fohlen war sie von einem Hund in eine Hecke gehetzt worden und dabei hatte sie sich ihr linkes Auge so verletzt, dass sie mit ihm nun nichts mehr sah.

Gesche gehörte Susanne. Für Susanne war das Pony das Liebste, das sie besaß. Ihm vertraute sie Dinge an, die sie sonst niemand erzählen konnte. Gesche hörte geduldig zu und behielt alles für sich.

Damals, kurz nach dem Krieg, gab es für ein Pony viel zu tun. Susanne spannte Gesche oft vor einen kleinen Wagen. Sie kaufte mit ihr ein, brachte die Wäsche fort und holte sie dann wieder ab. Sie fuhr den Abfall weg und holte Futter für die Ziegen. Im Winter zog Gesche den einfachen Schneepflug und sonntags eine leichte Kutsche.

Es störte Susanne nicht, dass die meisten Kinder über ihr Ponyfuhrwerk lachten. Hauptsache war, dass der Peter nicht lachte. Der Peter war nämlich ihr Freund. Er spielte wunderschön Mundharmonika.

Eines Tages, es war im Februar und viele Leute feierten die Fastnachtszeit, wurde im Dorf ein Kinderfest veranstaltet. Peter und Susanne wollten auch gern hingehen. Aber sie hatten kein Geld. Nicht einmal so viel um sich eine Limonade kaufen zu können.

„Weißt du was?", rief Susanne. „Die Gesche wird uns helfen es zu verdienen."

„Wie willst du das machen?", fragte der Peter erstaunt. „Es ist schon Mittag und das Fest beginnt zur Kaffeezeit."

„Geh schnell heim und hole deine Mund-harmonika!", rief Susanne. „Wir treffen uns gleich beim Marktplatz."

Schon rannte sie davon. Peter holte die Mundharmonika und Susanne das Pony. Außerdem brachte sie noch ein großes Pappschild mit. Darauf stand:

Pony-Reiten! Eine Runde kostet fünfzig Pfennige.

Das Schild lehnte sie an eine Haus-wand. Bald umringten sie viele Kinder. Peter spielte, während Susanne ein Kind nach dem anderen auf das Pony hob und es einmal um den Marktplatz reiten ließ. In kurzer Zeit hatten sie die stolze

Summe von zehn Mark verdient. Das war damals viel Geld.

An diesem Tag konnten sich Peter und Susanne so viel Limonade kaufen, wie sie wollten, und sie luden sogar noch andere Kinder dazu ein.

Eigentlich hätte die Gesche mitfeiern sollen, aber Susanne hatte ihr einen besonders großen Arm voll Heu gegeben und das war dem Pony lieber als süße Limonade oder ein Fastnachtsorden.

Und wenn die Gesche nicht im stolzen Alter von fünfunddreißig Jahren gestorben wäre, dann lebte sie heute noch.

„Ich habe gar nicht gewusst, dass Ponys so alt werden können", sagte Farida erstaunt.

„Ein Ponyjahr entspricht etwa drei Menschenjahren", erklärte ich ihr und weil sie sich jetzt ausrechnen musste, wie alt die Gesche dann als Mensch geworden wäre, sagte ich „Auf Wiedersehen" und ging wieder heim.

Am anderen Tag hockte Farida in eine Decke gewickelt auf dem Balkon und starrte Löcher in die Luft.

„Du kommst gerade recht", begrüßte sie mich. „Ich langweile mich schon wieder."

„Heute habe ich in der Zeitung von einer großen Landwirtschaftsausstellung gelesen", sagte ich. „Und da ist mir doch ganz zufällig eine Ponygeschichte für dich eingefallen."

Tina und Mucki

Tina war ein kleines Mädchen und Mucki
eine Shetlandponystute. Mucki gehörte
Tina. In ihren Augen war sie das schönste
Pony auf der ganzen Welt. Ihr Fell glänzte
tiefschwarz, die Nüstern waren so weich
wie das Samtkleid von Tinas Mutter und
ihr Schweif schleifte auf dem Boden, so
lang war er.

Tina versorgte Mucki selbst.

Sie gab ihr Futter und Wasser, putzte
sie und manchmal spannte sie sie vor
einen Wagen oder ritt auf ihr. Sie freute
sich immer, wenn die Leute auf der Straße
stehen blieben und Mucki bewunderten.

Eines Tages erfuhr Tina, dass ganz in
ihrer Nähe ein Schönheitswettbewerb
für Shetlandponys stattfinden sollte. Sie
beschloss sofort Mucki dort vorzustellen.

Am Ausstellungstag wurde sie besonders sorgfältig geputzt. Tina wichste ihre Hufe, bis sie glänzten. Sie bürstete ihren Schweif und ihre Mähne, bis sie ganz locker waren, und fuhr ihr zum Schluss mit einem in Öl getränkten Lappen über das Fell.

Auf dem Platz, auf dem der Wettbewerb stattfinden sollte, warteten schon viele andere Ponys. Schimmel, Rappen und Braune standen da. Ein Fuchs zerrte ungeduldig an seiner Führleine und ein Schecke wieherte und stieg.

Jedes Tier wurde im Stand, im Schritt und im Trab vorgestellt.

Tina und Mucki waren sehr aufgeregt, als sie an der Reihe waren. Mucki wollte nicht ruhig stehen bleiben und traben wollte sie auch nicht. Sie fand Galoppieren besser. Die vielen Zuschauer störten sie und die bunten flatternden Fahnen. Tina hatte es nicht leicht mit ihr.

Nachdem die Preisrichter alle Ponys begutachtet hatten, zogen sie sich zu einer Beratung zurück.

„Achtung!", ertönte endlich die Lautsprecherstimme. „Wir geben die Preisträger bekannt!"

Tina spitzte die Ohren. Im Geheimen sah sie ihr Pony schon mit dem Siegeskranz.

„Den dritten Preis erhält die Stute Silvia."

Viele Leute klatschten Beifall.

„Den zweiten Preis der Hengst Rasso!"

Das war der ungeduldige Schecke.

„Und Siegerin ist die Fuchsstute Tanja!"

Die Kapelle spielte einen Tusch und der Besitzer freute sich riesig.

Da ging Tina auf, dass Mucki keinen Preis gewonnen hatte. Beinahe hätte sie vor Enttäuschung geweint.

Doch dann, nachdem sie eine Weile darüber nachgedacht hatte, flüsterte sie ihrem Pony ins Ohr:

„Eigentlich ist es mir gleich, ob die Preisrichter dich schön finden oder nicht. Für mich bleibst du trotzdem das schönste Pony auf der ganzen Welt und außerdem auch noch das liebste."

Daraufhin schüttelte Mucki ihren Kopf, als wollte sie sagen: Mir ist es auch gleich und im Übrigen ist mir eine saftige Mohrrübe viel lieber als ein Preis und eine Schleife.

„Da hat sie Recht", fand Farida. „Hauptsache, das Pony gefällt dem, dem es gehört."
Am nächsten Tag konnte sie wieder zur Schule gehen und wir sahen uns nicht mehr so oft.

An einem verregneten Tag läutete bei mir das Telefon.
„Hallo!", kreischte jemand in die Leitung. „Hier ist Farida! Ich bin allein im Haus und es ist so still. Könntest du mir nicht eine Geschichte erzählen?"
„Durchs Telefon?", fragte ich erstaunt.
„Warum denn nicht? Das ist doch ein Ortsgespräch!"
Und weil das stimmte und mir nach unserer letzten Unterhaltung etwas eingefallen war, erzählte ich ihr eben eine Geschichte durchs Telefon.

Der schlaue Rico

Rico war ein besonders kluges Pony.
Seine Lieblingsbeschäftigung außer
Schlafen war Fressen. Wenn ihn niemand
davon abhielt, fraß er von morgens bis
abends ohne Pause.

   „Rico ist wieder viel zu fett", sagte die
Frau, der er gehörte.

   So versuchte sie ihn vom Fressen ab-

zuhalten, indem sie ihn in einen Sand-
auslauf sperrte.

Leider hatte sie nicht mit Ricos Schlau-
heit gerechnet. Er bekam schnell heraus,
wie man sich durch einen Zaun windet.

Zuerst fraß er sich auf der Wiese des

Nachbarn satt. Darüber ärgerte sich der Nachbar, weil er das Futter für seine Kühe brauchte. Er brachte das Pony zurück und flickte den Zaun.

Beim nächsten Mal brach Rico in den Garten des Pfarrers ein und holte sich dort die Falläpfel. Das nahm ihm die Pfarrköchin sehr übel, denn sie hatte vorgehabt von den Äpfeln Apfelmus zu kochen. Laut schimpfend brachte sie ihn zurück und bat den Nachbarn den Zaun noch einmal auszubessern.

Kaum war er damit fertig, brach Rico wieder aus. Doch diesmal hatte er keinen großen Hunger. Der Sinn stand ihm nach Leckereien.

Er stellte sich in aller Ruhe auf die Dorfstraße und überlegte. Auch als ein Auto daherkam, ließ er sich nicht stören. Der Autofahrer musste scharf bremsen, doch Rico überlegte weiter.

„He!", brüllte ihn der Mann am Steuer an. „Geh aus dem Weg!"

Neugierig trippelte das Pony näher. Es

hatte schon oft Spaziergänger angebettelt, die an seiner Weide vorbeigekommen waren. Einige von ihnen hatten es mit Würfelzucker und altem Brot gefüttert und das hatte ihm sehr gut geschmeckt.

Das haltende Auto war ihm einen Versuch wert. Also steckte Rico seinen Kopf durchs Autofenster und stupste den Fahrer am Arm.

„Unverschämtheit!", schimpfte der Mann.

Rico stupste weiter.

„Der will was", sagte der Beifahrer.

Und als das Pony einen Keks bekam,

zog es den Kopf zurück. Der Mann durfte weiterfahren.

Doch hinter ihm hatte ein zweiter Autofahrer anhalten müssen. Bevor er wusste, wie ihm geschah, hatte er eine feuchtwarme Ponynase im Gesicht, die ihn abschnupperte.

„Ist der aber süß!", rief seine Frau und kramte ein paar Bonbons aus der Tasche.

Mit den Bonbons auf der Zunge wandte Rico sich dann dem dritten Auto zu.

So ging das immer weiter und bald versperrte eine lange Autoschlange die Durchfahrt durch das Dorf. Auch der Gegenverkehr kam rasch zum Erliegen.

„Was ist los?", schrien die Leute. „Warum müssen wir halten?" Und sie schimpften und hupten.

Rico störte das nicht weiter.

Irgendwann holte irgendwer die Polizei. Weil aber in keiner Polizeivorschrift zu finden war, wie man einem Pony einen Strafzettel ausstellt, blieb es bei einer Ermahnung.

Natürlich wurde Rico wieder in seinen Auslauf gesperrt. Und seine Besitzerin kostete es viel Zeit und Mühe den Zaun ausbruchsicher zu machen.

Aber alle Leute, die den Rico kennen, wissen, dass ihm bald wieder etwas Neues einfallen wird, denn dumm ist er nicht.

Das kann niemand behaupten.

„Das war jetzt die zweite Geschichte, die von einem verfressenen Pony handelt", warf mir Farida vor. „Sind alle Ponys so?"

„Fast alle", erklärte ich ihr. „Auf den Inseln, von denen sie stammen, gibt es ja nur Moos und Flechten. Da ist es doch kein Wunder, dass ihnen unser fettes Gras besser schmeckt. Deshalb fressen sie mehr, als gut für sie ist."

„Aha", sagte Farida. „Beim Papa ist das ähnlich."

„Pass bloß auf, dass er das nicht hört!", rief ich erschrocken.

„Ach was, ich hab' dir doch gesagt, dass ich allein zu Hause bin. Mama ist beim Friseur und Papa ist mit einem Freund essen gegangen. Aber ich muss jetzt auflegen. Vielen Dank. Wiedersehen!"

Bei unserer nächsten Begegnung hatte Farida Geburtstag. Sie hatte mich eingeladen und wir saßen gemütlich am Kaffeetisch.

„Heute hast du einen Wunsch frei", sagte ich zu ihr.

Sie überlegte nur kurz. „Eigentlich hast du mir noch keine Fohlengeschichte erzählt", stellte sie fest. Und weil sie Recht hatte, erzählte ich ihr die Geschichte von Lütte.

Das Ponykind

Niemand hatte bemerkt, dass die Stute Gitta in der Nacht ihr Fohlen bekommen würde. Es kam zu früh und Gitta war noch im Stand angebunden. Gewöhnlich fohlen die Stuten auf der Weide oder in einem geräumigen Laufstall ab. Doch Gitta hing im Stand fest und als das Fohlen kam, konnte sie sich nicht umdrehen. Es war ihr fünftes Kind und sie war gewohnt sich gleich nach der Geburt um es zu kümmern.

Diesmal war das nicht möglich. Gitta zog und zerrte an dem Strick, aber es half nichts. Sie musste hilflos mit ansehen, wie das Kleine hinter ihr aufstand und im Stallgang herumtorkelte.

Zuerst starb sie fast vor Angst und Sorge, doch nach mehreren Stunden gab sie auf. Irgendein geheimnisvoller Vorgang in ihrem Gehirn verursachte, dass sie ihr Fohlen vergaß.

Am nächsten Morgen tat sie, als wenn sie nie ein Kind gehabt hätte.

Das war schlecht für das Fohlen, denn es hatte Durst und brauchte dringend die Muttermilch. Wir versuchten alles um Gitta umzustimmen.

Wir hielten ihr das Fohlen vor die Nase und ans pralle Euter. Wir hoben eines ihrer Hinterbeine, damit sie das Kleine nicht schlagen konnte, und hielten sie dabei fest. Aber Gitta blieb einfach unnachgiebig. Sie wehrte sich mit allen ihr zur Verfügung stehenden Kräften und tat, als sei ihr das Fohlen völlig fremd.

Es half alles nichts, wir mussten Gitta abmelken und das Fohlen künstlich ernähren.

Das ist mit großer Mühe verbunden. So ein Pferdekind braucht nämlich alle zwei Stunden seine Milch und das Tag und Nacht.

Wir nannten es „Lütte", weil es eine Stute und besonders winzig war.

Bald war Lütte der Ansicht ihre Mutter sei eine Menschenfrau. Eine Menschenfrau brachte ihr immer die Milch und eine Menschenfrau kümmerte sich auch sonst um ihr Wohl.

Solange sie noch klein war, durfte sie im Hof herumlaufen. Dort untersuchte sie jede Ecke, steckte ihre Nase in den Hühnerstall, erschreckte die Hühner oder trank die Katzenmilchschüsseln leer. Sie nahm den Stallbesen zwischen die Zähne und rannte entsetzt davon, weil ihr der Besenstiel um die Ohren schlenkerte. Sie konnte nicht begreifen, dass sie ihn nur loslassen musste, damit er wieder herunterfiel.

Bald machte sie so viel Unfug, dass wir beschlossen sie zu den anderen Ponys auf die Weide zu lassen.

Dort stand sie und schrie. Sie weigerte sich zu fressen und magerte ab.

So kam sie wieder auf den Hof zurück.

Sie lernte schnell, wie man die Küchentür öffnet, und fand auch bald den Weg in die Speisekammer heraus.

Die Blumen vor dem Haus schmeckten ihr besonders gut. Es dauerte nicht lange, bis dieser Zustand so untragbar geworden war, dass wir sie abermals auf die Weide bringen mussten. Damals war Lütte fünf Monate alt. Wieder schrie sie empört, aber diesmal blieben wir hart.

Allmählich gewöhnte Lütte sich an die Herde. Sie wuchs zu einer hübschen Stute heran und als sie später ein eigenes Fohlen bekam, hing sie mit großer Zärtlichkeit an ihm.

Eines Tages rief Farida mich an und fragte, ob sie bei mir übernachten dürfe. Ihre Eltern führen über das Wochenende fort. Ich sagte ja und sie kam.

Am Abend, als sie im Bett lag, ging ich noch einmal zu ihr um ihr gute Nacht zu wünschen.

„Jetzt fehlt eigentlich noch eine Gutenacht-Ponygeschichte!", sagte sie.

„Du liebe Zeit", seufzte ich. „Was willst du denn noch? Die meisten Ponys schlafen nachts, genauso wie die Kinder."

„Es braucht ja keine wahre Geschichte zu sein", bettelte Farida weiter. „Eine Traumgeschichte täte es auch."

Und weil ich fand, dass bei einer Gutenacht-geschichte der Mond mitspielen sollte, erzählte ich ihr das Märchen von Tschintschin.

Tschintschin
oder die Gutenacht-Ponygeschichte

Äußerlich war Tschintschin wie jedes andere Pony auch. Sein Fell war nachtschwarz. Er hatte eine lange schwarze Mähne und einen langen schwarzen Schweif. Nur auf der Stirn hatte er einen kleinen weißen Stern.

Da, wo Tschintschin zu Hause war, gab es viele Ponys, die so aussahen wie er. Es war eine ganze Ponyherde. Und es gab natürlich jemand, der auf die Herde aufpasste.

Eines Tages wurde es Tschintschin zu langweilig. Deshalb lief er davon.

Über Wiesen und Felder lief er. Er watete durch Bäche und schwamm durch Flüsse. Er kletterte die Berge hinauf und drüben wieder hinunter.

Auf einmal war er in der Wüste.

Irgendwo zwischen zwei Dünen begegnete Tschintschin ein Mann auf einem Kamel.

„Hallo!", rief der Mann erstaunt. „Wo
willst denn du hin?"

„Irgendwohin, wo es lustig ist", sagte
Tschintschin und schüttelte den Kopf,
dass die Mähne nur so flog. „Und wohin
reitest du?"

„Nach Hause", antwortete der Mann.

„Na, dann auf Wiedersehen!", rief

Tschintschin und lief weiter. Auf einmal
stand er am Meer.

„Macht nichts", tröstete er sich selbst.
„Ich kann ja fliegen."

Er erhob sich in die Luft und flog über
das Wasser. Als er schon beinahe drüben
angekommen war, begegnete ihm ein
großer Fischadler.

„Ein Pony hat in der Luft nichts verloren!",
schimpfte er.

„Verzeihung", sagte Tschintschin, „ich
wollte niemand ärgern."

„Was wolltest du dann?"

„Etwas erleben", erklärte ihm das Pony.

„Na, dann viel Glück. Ich fliege jetzt
nach Hause."

Immer gehen alle nach Hause, dachte
das Pony. Wie langweilig!

Doch weil es nicht aufpasste, flog es mitten in eine dicke Wolke hinein. Sie war düster und feucht.

Da strengte sich Tschintschin an und stieg ein bisschen höher, aber er passte wieder nicht auf und stieß mit dem Mond zusammen.

„Hab' ich dich endlich!", schimpfte der Mond. „Was fällt dir ein dich immer hinter deinen Haaren zu verstecken und dann wegzulaufen?"

Er holte schnell eine große Schere und schnitt mit ihr Tschintschins Mähnenschopf ab.

Da strahlte auf einmal der kleine Stern auf seiner Stirn. Genauso hell leuchtete er wie die anderen Sterne auch.

Seither steht das Pony jede Nacht am Himmel und weil sein Fell nachtschwarz ist, kann man nur den Stern auf seiner Stirn sehen.

Tschintschin nahm sich vor bald wieder wegzulaufen, aber es muss warten, bis sein Mähnenschopf nachgewachsen ist.

Und wenn dann eines Nachts ein Stern weniger am Himmel leuchtet, dann wissen alle Sterngucker auf der Erde, dass Tschin-tschin wieder einmal ausgerissen ist.

„Weißt du", murmelte Farida schläfrig, „wer mit Ponys zu tun hat, braucht sich eigentlich nie zu langweilen."

„Das stimmt", pflichtete ich ihr bei. „Aber wie kommst du darauf?"

„Na, du hast mir da eine Menge Geschichten erzählt …"

„Ja und?"

„Also, das war schon gut, aber …"

„Aber was?"

„Am schönsten ist es doch solche Geschichten mit Ponys selbst zu erleben."

„Das finde ich auch", sagte ich, aber da war sie schon eingeschlafen.

Sigrid Heuck wurde 1932 in Köln geboren. Sie studierte an der Akademie der Bildenden Künste in München und spezialisierte sich auf Kinderbuchillustrationen. Mit den Jahren verlegte sie ihren Arbeitsschwerpunkt vom Illustrieren aufs Schreiben. Einige ihrer Bücher kamen auf die Auswahlliste zum Deutschen Jugendliteraturpreis. 1989 erhielt sie für den Jugendroman „Meister Joachims Geheimnis" den Österreichischen Jugendbuchpreis.

Angela Weinhold, geboren 1955 in Geesthacht/ Schleswig-Holstein, ist in Ostfriesland aufgewachsen. Nach dem Abitur begann sie ein Grafik-Design-Studium (Schwerpunkt Buch- und Presseillustration) an der ehemaligen Folkwang-Hochschule in Essen. Seit 1980 arbeitet sie freiberuflich als Illustratorin für Schul- und Jugendbuchverlage.

ABC-Geschichten
Computergeschichten
Delfingeschichten
Detektivgeschichten
Dinosauriergeschichten

Feriengeschichten
Freundschaftsgeschichten
Fußballgeschichten
Geistergeschichten
Gespenstergeschichten

Gruselgeschichten
Hexengeschichten
Hundegeschichten
Indianergeschichten
Kuschelgeschichten

Für den löwenstarken Lesehunger!

Schulklassengeschichten
Seeräubergeschichten
Tiergeschichten
Unsinngeschichten
Vampirgeschichten

Lachgeschichten
Ponygeschichten
Räubergeschichten
Rittergeschichten
Schulgeschichten